AF175661

Impressum
Verlag: BABADADA GmbH, Nedderfeld 112 , 22529 Hamburg
Geschäftsführer / Verlagsleitung: Harald Hof
Druck: Books on Demand GmbH, In de Tarpen 42, 22848 Norderstedt

Imprint
Publisher: BABADADA GmbH, Nedderfeld 112 , 22529 Hamburg, Germany
Managing Director / Publishing direction: Harald Hof
Print: Books on Demand GmbH, In de Tarpen 42, 22848 Norderstedt

l'école
koulu

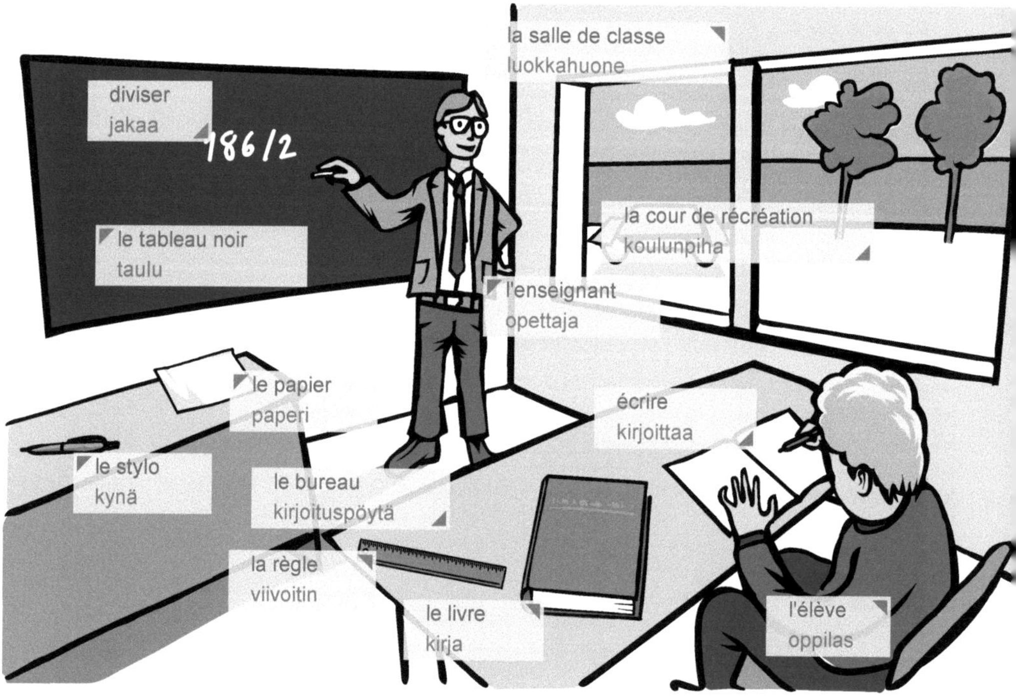

la salle de classe
luokkahuone
diviser
jakaa
186/2
le tableau noir
taulu
la cour de récréation
koulunpiha
l'enseignant
opettaja
le papier
paperi
écrire
kirjoittaa
le stylo
kynä
le bureau
kirjoituspöytä
la règle
viivoitin
le livre
kirja
l'élève
oppilas

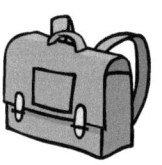

le sac d'école

reppu

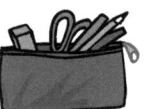

la trousse

penaali

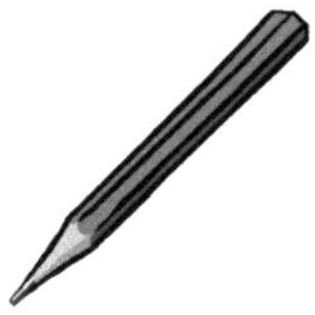

le crayon

lyijykynä

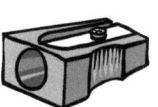

le taille-crayon

kynänteroitin

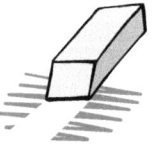

la gomme

pyyhekumi

le carnet à dessin

piirustuslehtiö

le dessin

piirustus

le pinceau

pensseli

la boîte de peinture

vesivärit

les ciseaux

sakset

la colle

liima

le cahier d'exercices

harjoituskirja

les tâches

kotitehtävä

le chiffre

luku

additionner

lisätä

soustraire

vähentää

multiplier

kertoa

calculer

laskea

la lettre

kirjain

l'alphabet

aakkoset

le mot

sana

le texte

teksti

lire

lukea

la craie

liitu

la leçon

oppitunti

le livre de classe

opettajan muistikirja

l'examen

koe

le certificat

todistus

l'uniforme scolaire

koulupuku

la formation

koulutus

le lexique

sanakirja

l'université

yliopisto

le microscope

mikroskooppi

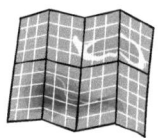

la carte

kartta

la corbeille à papier

roskakori

le voyage
matka

l'hôtel
hotelli
Grand
l'auberge
retkeilymaja
ROOMS
le bureau de change
rahanvaihto
CHANGE
la valise
matkalaukku
la voiture
auto

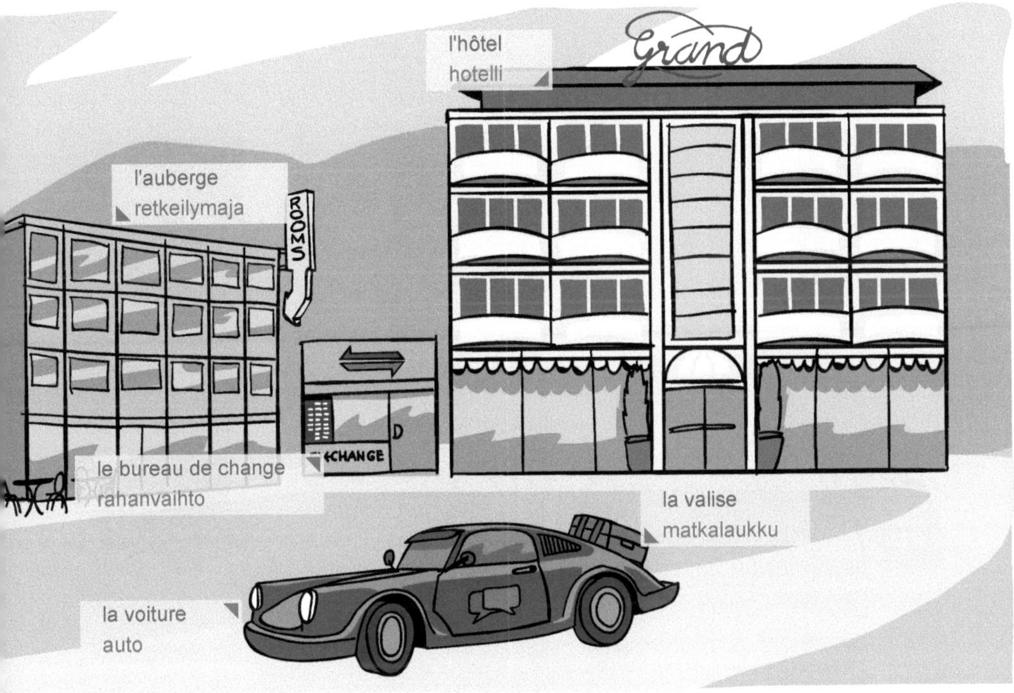

la langue

kieli

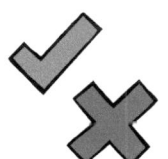

oui / non

kyllä / ei

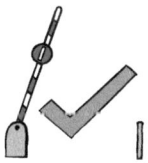

d'accord

selvä

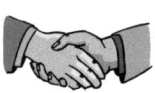

Salut

hei

l'interprète

tulkki

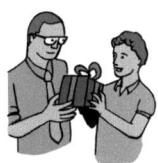

merci

kiitos

Combien coûte...?

Paljonko...maksaa?

Je ne comprends pas

en ymmärrä

le problème

ongelma

Bonsoir!

Hyvää iltaa!

Bonjour!

Hyvää huomenta!

Bonne nuit!

Hyvää yötä!

Au revoir

näkemiin

la direction

suunta

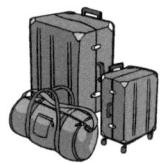

les bagages

matkatavarat

le sac

laukku

le sac-à-dos

reppu

l'hôte

vieras

la pièce

huone

le sac de couchage

makuupussi

la tente

teltta

le voyage - matka

l'office de tourisme

turisti-info

la plage

ranta

la carte de crédit

luottokortti

le petit-déjeuner

aamupala

le déjeuner

lounas

le dîner

päivällinen

le billet

matkalippu

l'ascenseur

hissi

le timbre

postimerkki

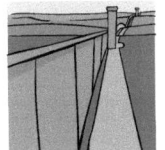

la frontière

raja

la douane

tulli

l'ambassade

suurlähetystö

le visa

viisumi

le passeport

passi

le voyage - matka

le transport
kuljetus

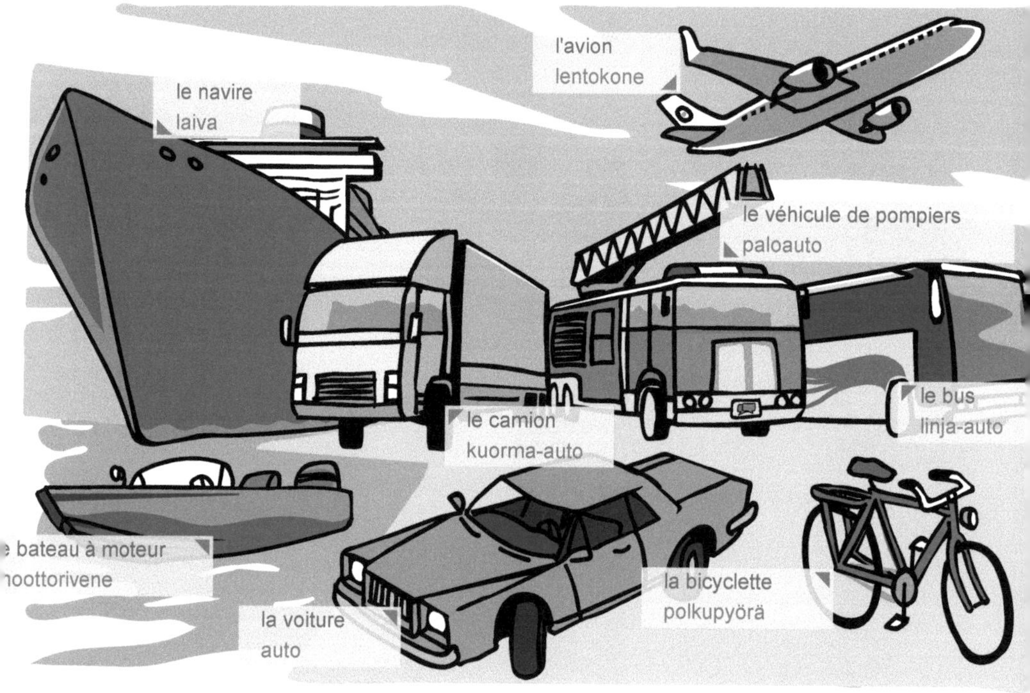

l'avion
lentokone
le navire
laiva
le véhicule de pompiers
paloauto
le bus
linja-auto
le camion
kuorma-auto
bateau à moteur
oottorivene
la voiture
auto
la bicyclette
polkupyörä

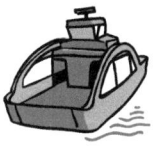

le ferry

lautta

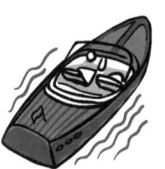

la barque

vene

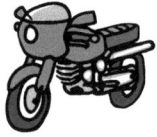

la moto

moottoripyörä

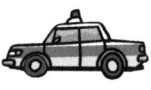

la voiture de police

poliisiauto

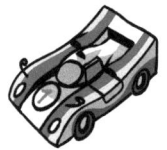

la voiture de course

kilpa-auto

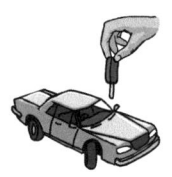

la voiture de location

vuokra-auto

l'autopartage

car sharing

la dépanneuse

hinausauto

la benne à ordures

roska-auto

le moteur

moottori

l'essence

polttoaine

la station d'essence

huoltoasema

le panneau indicateur

liikennemerkki

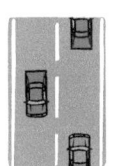

le trafic

liikenne

l'embouteillage

ruuhka

le parking

parkkipaikka

la gare

rautatieasema

les rails

raiteet

le train

juna

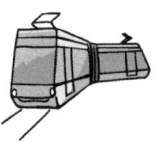

le tram

raitiovaunu

le wagon

vaunu

l'hélicoptère

helikopteri

l'aéroport

lentokenttä

la tour

lähilennonjohto

le passager

matkustaja

le container

kontti

le carton

pahvilaatikko

le chariot

kärryt

la corbeille

kori

décoller / atterrir

nousta / laskea

la ville
kaupunki

le village

kylä

le centre-ville

keskusta

la maison

talo

le cinéma
elokuvateatteri

la publicité
mainos

le réverbère
katuvalo

CINEMA

la rue
katu

le taxi
taksi

le kiosque
kioski

le piéton
jalankulkija

le trottoir
jalkakäytävä

le passage piéton
suojatie

la poubelle
jäteastia

le carrefour
risteys

les feux de circulation
liikennevalot

la cabane

mökki

l'appartement

kerrostalo

la gare

rautatieasema

la mairie

kaupungintalo

le musée

museo

l'école

koulu

l'université

yliopisto

la banque

pankki

l'hôpital

sairaala

l'hôtel

hotelli

la pharmacie

apteekki

le bureau

toimisto

la librairie

kirjakauppa

le magasin

liike

le fleuriste

kukkakauppa

le supermarché

supermarketti

le marché

tori

le grand magasin

tavaratalo

la poissonnerie

kalakauppias

le centre commercial

ostoskeskus

le port

satama

le parc
puisto

la banque
penkki

le pont
silta

les escaliers
portaat

le métro
metro

le tunnel
tunneli

l'arrêt de bus
linja-autopysäkki

le bar
baari

le restaurant
ravintola

la boîte à lettres
postilaatikko

le panneau indicateur
katukyltti

le parcomètre
parkkimittari

le zoo
eläintarha

le réverbère
uimala

la mosquée
moskeija

la ferme
maatila

la pollution
ympäristön saastuminen

le cimetière
hautausmaa

l'église
kirkko

l'aire de jeux
leikkikenttä

le temple
temppeli

le paysage
maisema

la feuille
lehti

le panneau indicateur
tienviitta

le chemin
tie

le pré
niitty

la pierre
kivi

le randonneur
retkeilijä

l'arbre
puu

la rivière
joki

l'herbe
ruoho

la fleur
kukka

la vallée
laakso

la montagne
vuori

le lac
järvi

la forêt
metsä

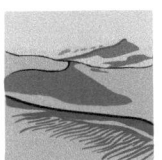

le désert
aavikko

le volcan
tulivuori

le château
linna

l'arc-en-ciel
sateenkaari

le champignon
sieni

le palmier
palmu

le moustique
hyttynen

la mouche
kärpänen

les fourmis
muurahainen

l'abeille
mehiläinen

l'araignée
hämähäkki

le scarabée

kovakuoriainen

la grenouille

sammakko

l'écureuil

orava

le hérisson

siili

le lapin

jänis

la chouette

pöllö

l'oiseau

lintu

le cygne

joutsen

le sanglier

villisika

le cerf

peura

l'élan

hirvi

le barrage

pato

l'éolienne

tuulimylly

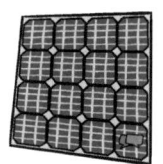

le panneau solaire

aurinkopaneeli

le climat

ilmasto

le restaurant
ravintola

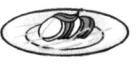

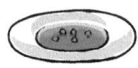

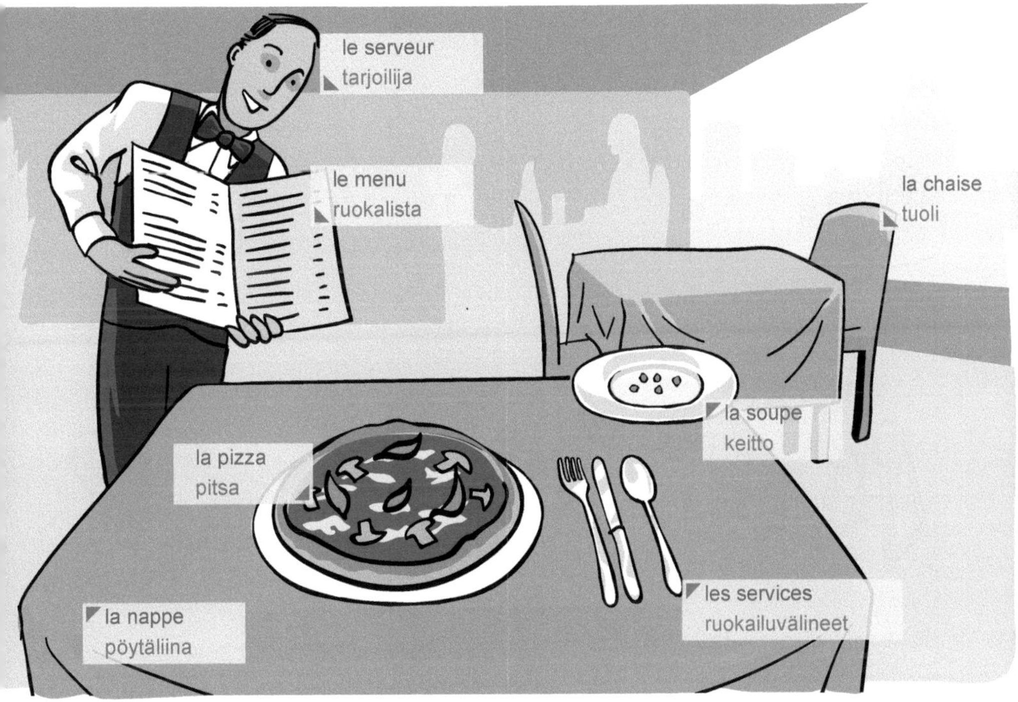

le serveur
tarjoilija
le menu
ruokalista
la chaise
tuoli
la soupe
keitto
la pizza
pitsa
les services
ruokailuvälineet
la nappe
pöytäliina

les hors d'œuvre

alkuruoka

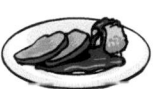

le plat principal

pääruoka

le dessert

jälkiruoka

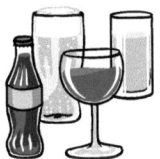

les boissons

juomat

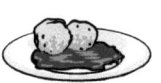

l'alimentation

ruoka

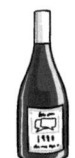

la bouteille

pullo

le fast-food

pikaruoka

les plats à emporter

katuruoka

la théière

teekannu

le sucrier

sokeriastia

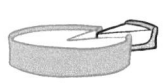

la portion

annos

la machine à expresso

espressokeitin

la chaise haute

syöttötuoli

la facture

lasku

le plateau

tarjotin

le couteau

veitsi

la fourchette

haarukka

la cuillère

lusikka

la cuillère à thé

teelusikka

la serviette

servietti

le verre

lasi

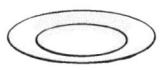

l'assiette

lautanen

l'assiette à soupe

syvä lautanen

la soucoupe

aluslautanen

la sauce

kastike

la salière

suolasirotin

le moulin à poivre

pippurimylly

le vinaigre

etikka

l'huile

öljy

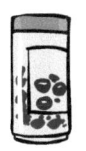

les épices

mausteet

le ketchup

ketsuppi

la moutarde

sinappi

la mayonnaise

majoneesi

le supermarché
supermarketti

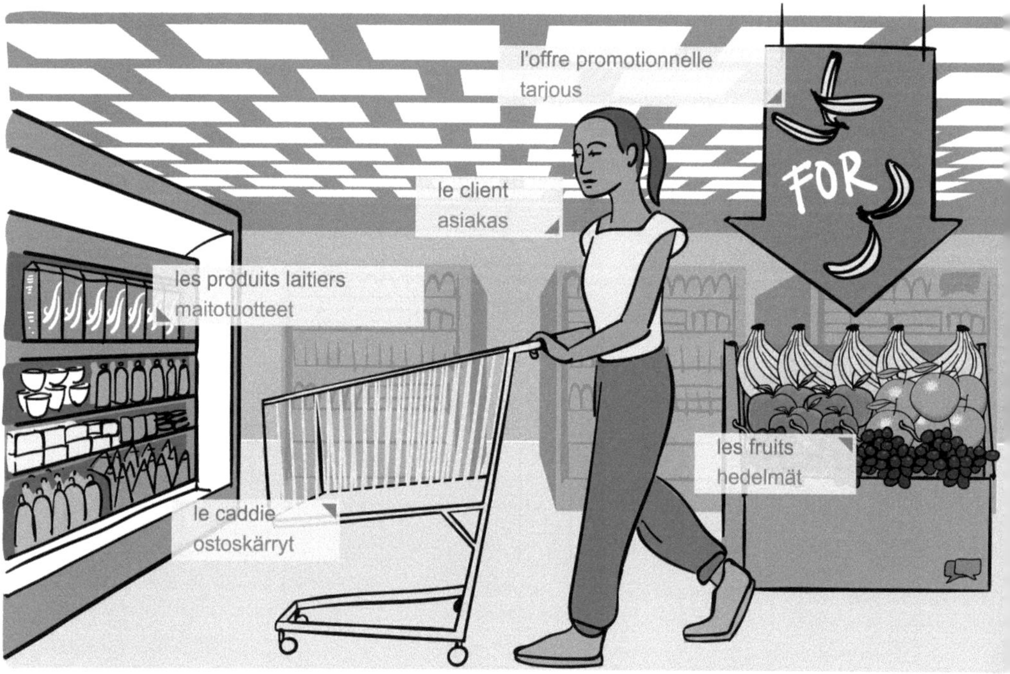

l'offre promotionnelle
tarjous
FOR
le client
asiakas
les produits laitiers
maitotuotteet
les fruits
hedelmät
le caddie
ostoskärryt

BUTCHERS

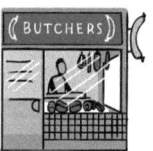

la boucherie

teurastamo

BAKERY

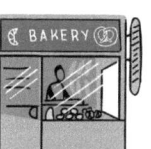

la boulangerie

leipomo

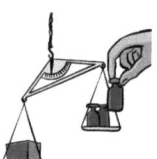

peser

punnita

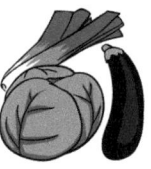

les légumes

kasvikset

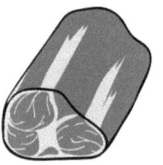

la viande

liha

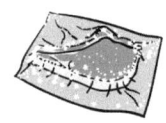

les aliments surgelés

pakasteet

la charcuterie

leikkele

les conserves

säilykkeet

la poudre à lessive

pesujauhe

les bonbons

makeiset

les articles ménagers

kotitaloustarvikkeet

les détergents

puhdistusaineet

la vendeuse

myyjä

la caisse

kassa

le caissier

kassanhoitaja

la liste d'achats

ostoslista

les heures d'ouverture

aukioloajat

le portefeuille

lompakko

la carte de crédit

luottokortti

le sac

kassi

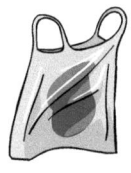

le sac en plastique

muovipussi

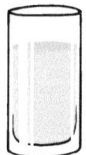

l'eau
vesi

le jus de fruit
mehu

le lait
maito

le coca
kokis

le vin
viini

la bière
olut

l'alcool
alkoholi

le chocolat chaud
kaakao

le thé
tee

le café
kahvi

l'expresso
espresso

le cappuccino
cappuccino

la banane

banaani

la pomme

omena

l'orange

appelsiini

le melon

meloni

le citron

sitruuna

la carotte

porkkana

l'ail

valkosipuli

le bambou

bambu

l'oignon

sipuli

le champignon

sieni

les noisettes

pähkinät

les pâtes

spagetti

les spaghettis

spagetti

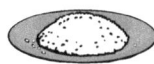

le riz

riisi

la salade

salaatti

les frites

ranskalaiset

les pommes de terre rôties

paistetut perunat

la pizza

pitsa

le hamburger

hampurilainen

le sandwich

voileipä

l'escalope

leike

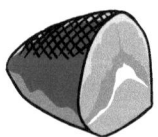

le jambon

kinkku

le salami

salami

la saucisse

makkara

le poulet

kana

le rôti

paisti

le poisson

kala

les flocons d'avoine

kaurahiutaleet

le muesli

mysli

les cornflakes

murot

la farine

jauho

le croissant

voisarvi

les petits-pains

sämpylä

le pain

leipä

le pain grillé

paahtoleipä

les biscuits

keksit

le beurre

voi

le fromage blanc

rahka

le gâteau

kakku

l'œuf

kananmuna

l'œuf au plat

paistettu kananmuna

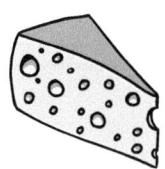

le fromage

juusto

la glace

jäätelö

le sucre

sokeri

le miel

hunaja

la confiture

hillo

la crème nougat

suklaapähkinälevite

le curry

curry

la ferme
maatila

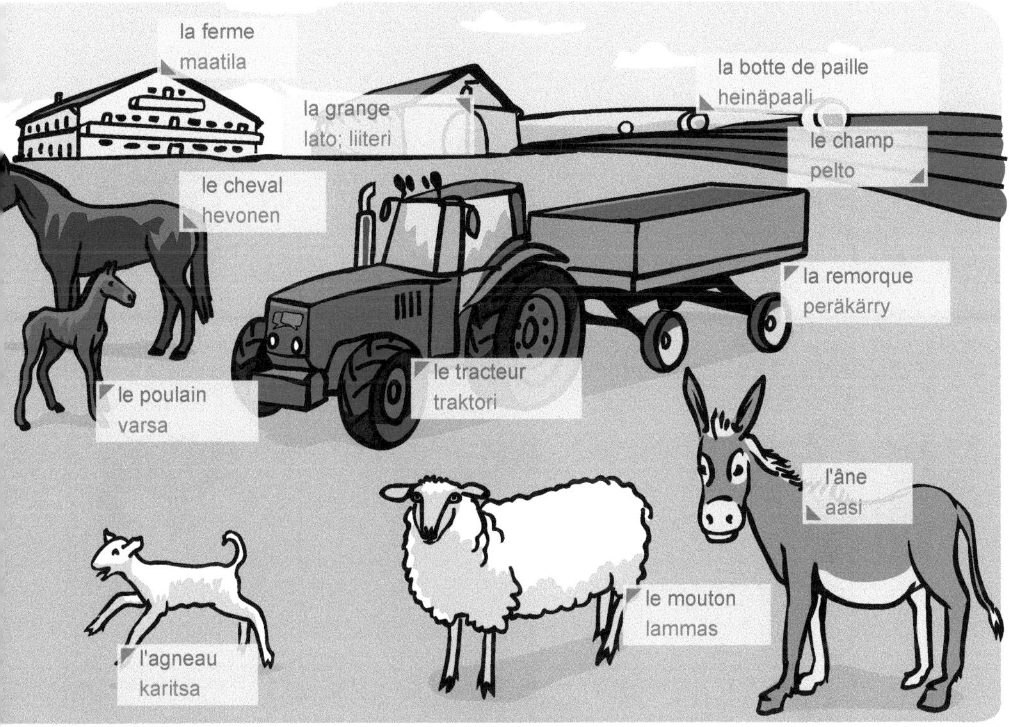
la ferme
maatila
la grange
lato; liiteri
la botte de paille
heinäpaali
le champ
pelto
le cheval
hevonen
la remorque
peräkärry
le tracteur
traktori
le poulain
varsa
l'âne
aasi
le mouton
lammas
l'agneau
karitsa

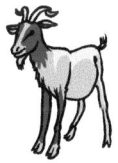

la chèvre

vuohi

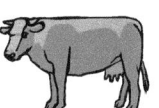

la vache

lehmä

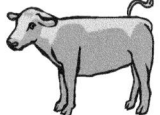

le veau

vasikka

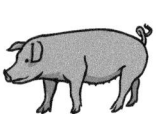

le porc

sika

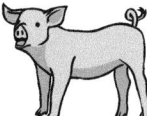

le porcelet

porsas

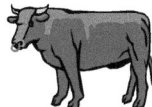

le taureau

sonni

l'oie
hanhi

le canard
ankka

le poussin
tipu

la poule
kana

le coq
kukko

le rat
rotta

le chat
kissa

la souris
hiiri

le bœuf
härkä

le chien
koira

le chenil
koirankoppi

le tuyau de jardin
puutarhaletku

l'arrosoir
kastelukannu

la faucheuse
viikate

la charrue
aura

la faucille
sirppi

la pioche
kuokka

la fourche
talikko

la hache
kirves

la brouette
kottikärryt

la cuve
kaukalo

le pot à lait
maitokannu

le sac
säkki

la clôture
aita

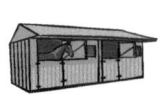

l'étable
talli

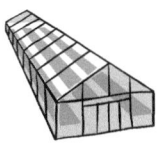

la serre
kasvihuone

le sol
maa

les semences
siemen

l'engrais
lannoite

la moissonneuse-batteuse
leikkuupuimuri

récolter

kerätä sato

la récolte

sato

l'igname

jamssit

le blé

vehnä

le soja

soija

la pomme de terre

peruna

le maïs

maissi

le colza

rypsi

l'arbre fruitier

hedelmäpuu

le manioc

maniokki

les céréales

vilja

la maison
talo

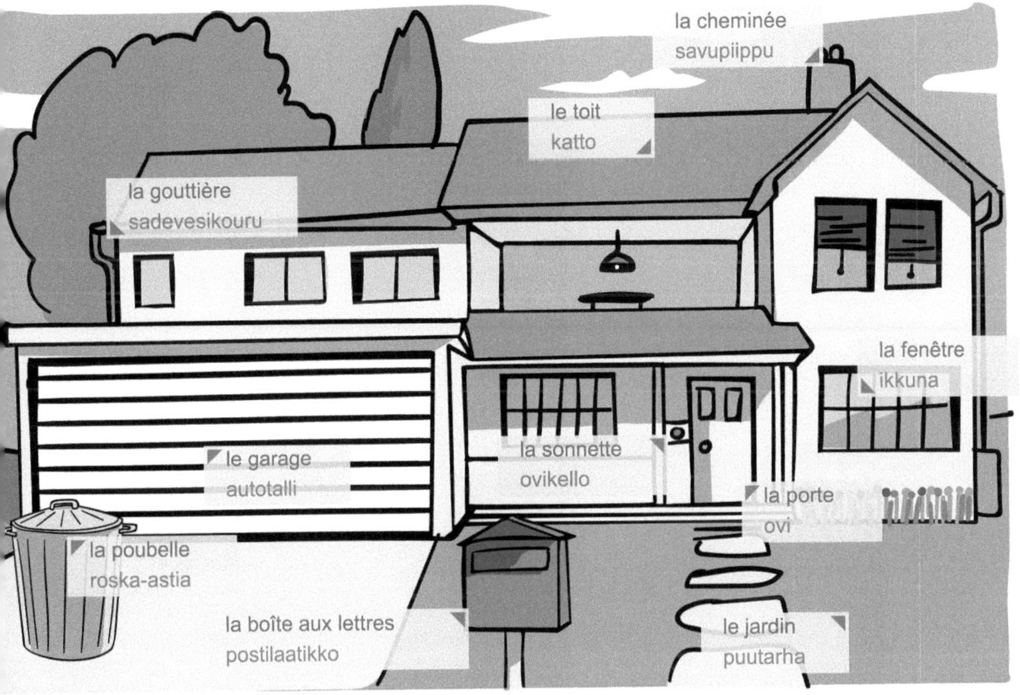
la cheminée
savupiippu
le toit
katto
la gouttière
sadevesikouru
la fenêtre
ikkuna
le garage
autotalli
la sonnette
ovikello
la porte
ovi
la poubelle
roska-astia
la boîte aux lettres
postilaatikko
le jardin
puutarha

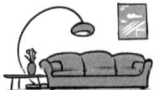

le salon
olohuone

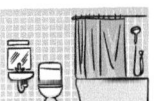

la chambre de bain
kylpyhuone

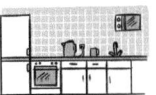

la cuisine
keittiö

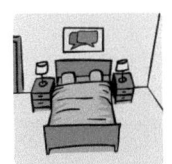

la chambre à coucher
makuuhuone

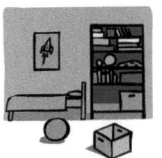

la chambre d'enfant
lastenhuone

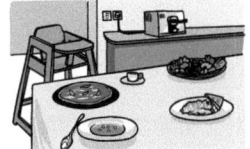

la salle à manger
ruokahuone

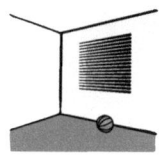

le sol

lattia

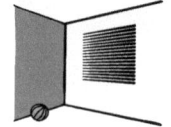

le mur

seinä

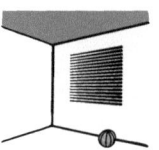

le plafond

katto

la cave

kellari

le sauna

sauna

le balcon

parveke

la terrasse

terassi

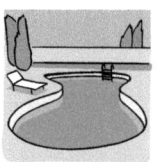

la piscine

uima-allas

la tondeuse à gazon

ruohonleikkuri

la fourre de duvet

lakana

la couette

päiväpeitto

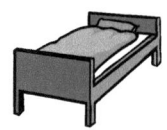

le lit

sänky

le balai

harja

le sceau

ämpäri

l'interrupteur

katkaisin

le salon
olohuone

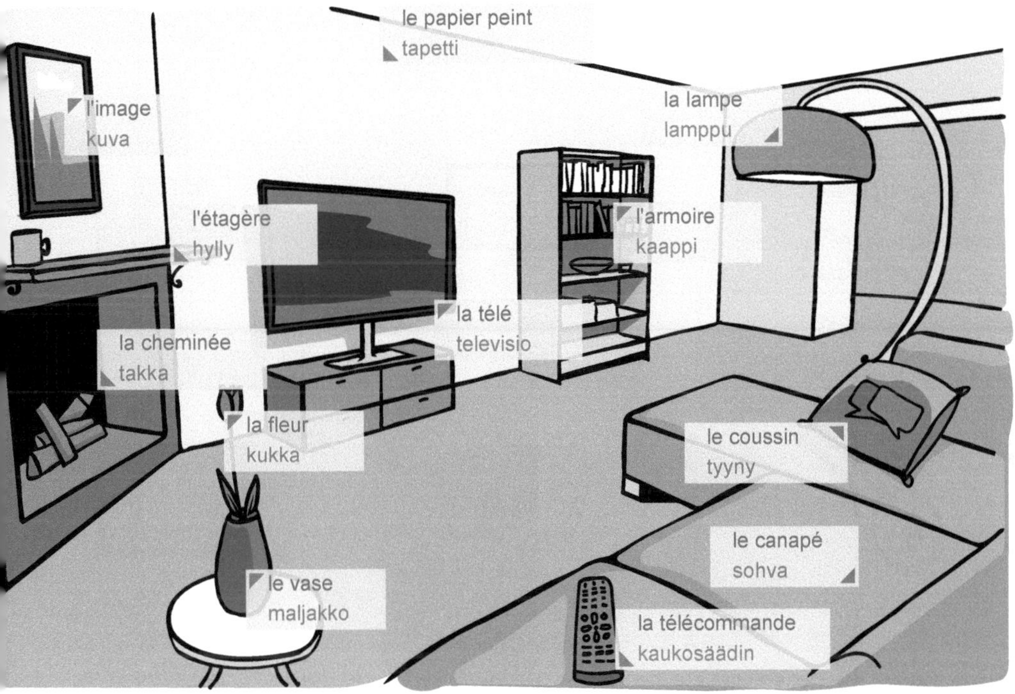
le papier peint
tapetti
l'image
kuva
la lampe
lamppu
l'étagère
hylly
l'armoire
kaappi
la télé
televisio
la cheminée
takka
la fleur
kukka
le coussin
tyyny
le canapé
sohva
le vase
maljakko
la télécommande
kaukosäädin

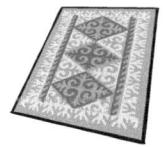

le tapis

matto

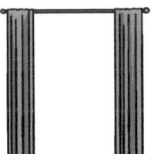

le rideau

verho

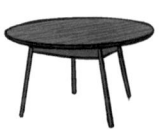

la table

pöytä

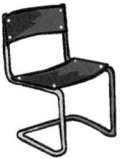

la chaise

tuoli

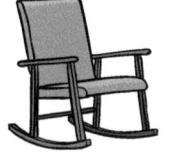

la chaise à bascule

keinutuoli

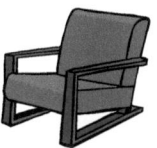

le fauteuil

nojatuoli

le livre

kirja

la couverture

peitto

la décoration

koriste

le bois de chauffage

polttopuut

le film

elokuva

la chaîne hi-fi

stereot

la clé

avain

le journal

sanomalehti

la peinture

maalaus

le poster

juliste

la radio

radio

le bloc-notes

muistivihko

l'aspirateur

pölynimuri

le cactus

kaktus

la bougie

kynttilä

la cuisine
keittiö

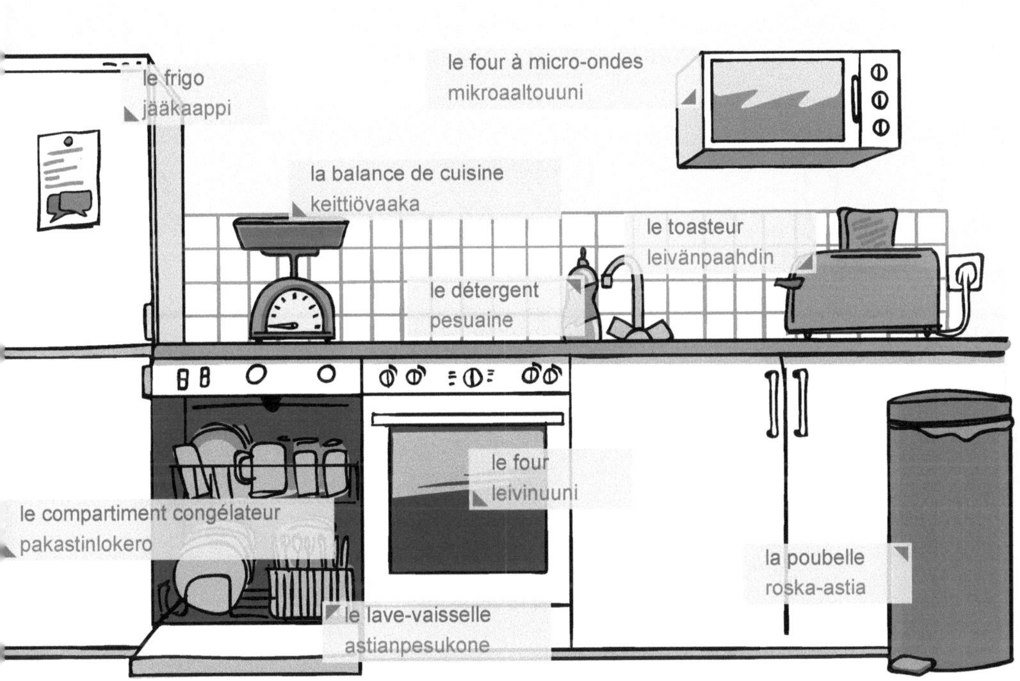

le frigo
jääkaappi
le four à micro-ondes
mikroaaltouuni
la balance de cuisine
keittiövaaka
le toasteur
leivänpaahdin
le détergent
pesuaine
le four
leivinuuni
le compartiment congélateur
pakastinlokero
la poubelle
roska-astia
le lave-vaisselle
astianpesukone

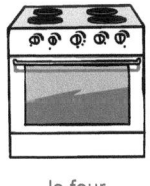

le four

liesi

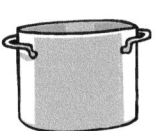

la casserole

kattila

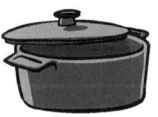

la marmite

rautapata

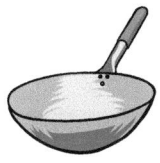

le wok/kadai

vokkipannu / kadai-pannu

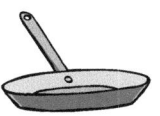

la poêle

paistinpannu

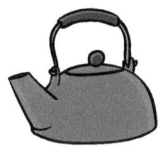

la bouilloire électrique

teepannu

le cuiseur vapeur

höyrykeitin

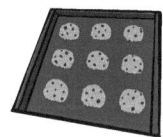

la plaque de cuisson

uunipelti

la vaisselle

astiat

le gobelet

muki

le bol

kulho

les baguettes

syömäpuikot

la louche

kauha

la spatule

paistinlasta

le fouet

vispilä

la passoire

siivilä

le tamis

siivilä

la râpe

raastin

le mortier

mortteli

le barbecue

grilli

la cheminée

avotuli

la planche à découper

leikkuulauta

le rouleau à pâtisserie

kaulin

le tire-bouchon

korkinavaaja

la boîte

purkki

l'ouvre-boîte

purkinavaaja

les maniques

pannulappu

le lavabo

lavuaari

la brosse

tiskiharja

l'éponge

pesusieni

le mixeur

tehosekoitin

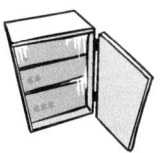

le congélateur

pakastin

le biberon

tuttipullo

le robinet

vesihana

la chambre de bain
kylpyhuone

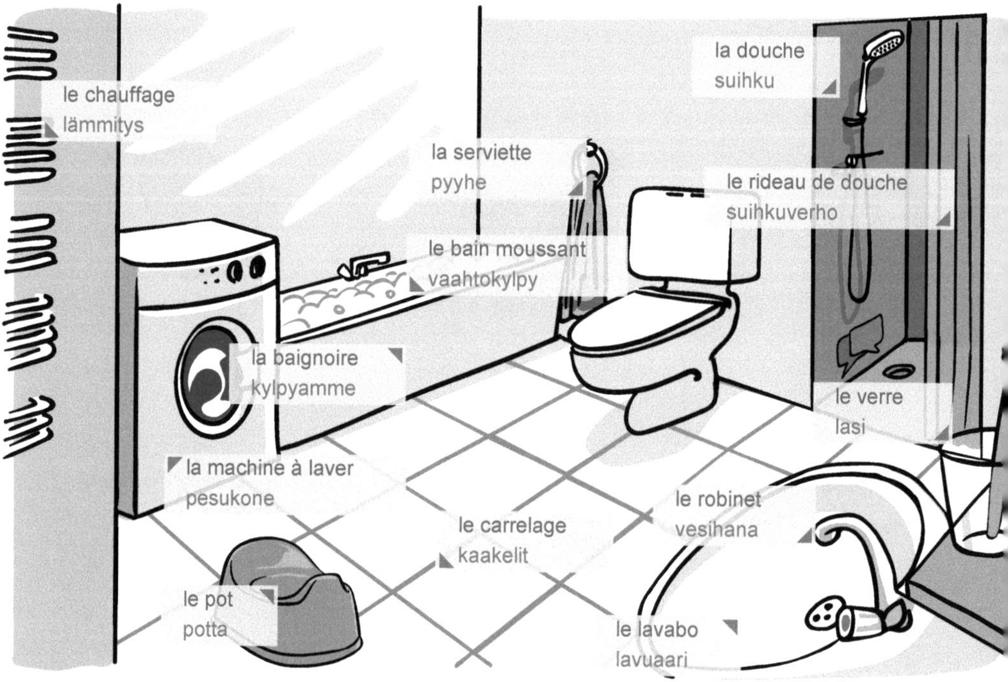

la douche
suihku

le chauffage
lämmitys

la serviette
pyyhe

le rideau de douche
suihkuverho

le bain moussant
vaahtokylpy

la baignoire
kylpyamme

le verre
lasi

la machine à laver
pesukone

le robinet
vesihana

le carrelage
kaakelit

le pot
potta

le lavabo
lavuaari

les toilettes
vessa

la toilette à la turque
kyykkyvessa

le bidet
bidee

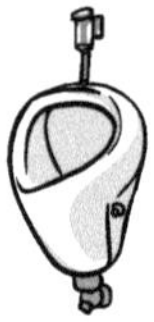

l'urinoir
pisuaari

le papier toilette
vessapaperi

la brosse à toilette
vessaharja

la brosse à dents

hammasharja

le dentifrice

hammastahna

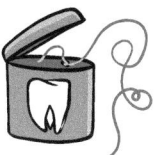

le fil dentaire

hammaslanka

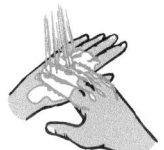

laver

pestä

la douche manuelle

käsisuihku

la douche intime

intiimisuihku

la vasque

pesuvati

la brosse dorsale

selkäharja

le savon

saippua

le gel douche

suihkugeeli

le shampooing

shampoo

le gant de toilette

pesulappu

l'écoulement

viemäri

la crème

voide

le déodorant

deodorantti

la chambre de bain - kylpyhuone

le miroir
peili

le miroir cosmétique
käsipeili

le rasoir
partaveitsi

la mousse à raser
partavaahto

l'après-rasage
partavesi

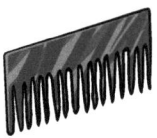

la peigne
kampa

la brosse
harja

le sèche-cheveux
hiustenkuivaaja

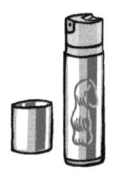

la laque pour cheveux
hiuslakka

le fond de teint
meikki

le rouge à lèvres
huulipuna

le vernis à ongles
kynsilakka

l'ouate
pumpuli

le coupe-ongles
kynsisakset

le parfum
hajuvesi

la trousse de toilette

kosmetiikkalaukku

le tabouret

jakkara

la balance

vaaka

le peignoir

kylpytakki

les gants de nettoyage

kumihansikkaat

le tampon

tamponi

es serviettes hygiéniques

terveysside

la toilette chimique

kemiallinen wc

la chambre d'enfant
lastenhuone

le réveil
herätyskello
le doudou
pehmolelu
la voiture jouet
leikkiauto
le hochet
helistin
la maison de poupée
nukkekoti
le cadeau
lahja

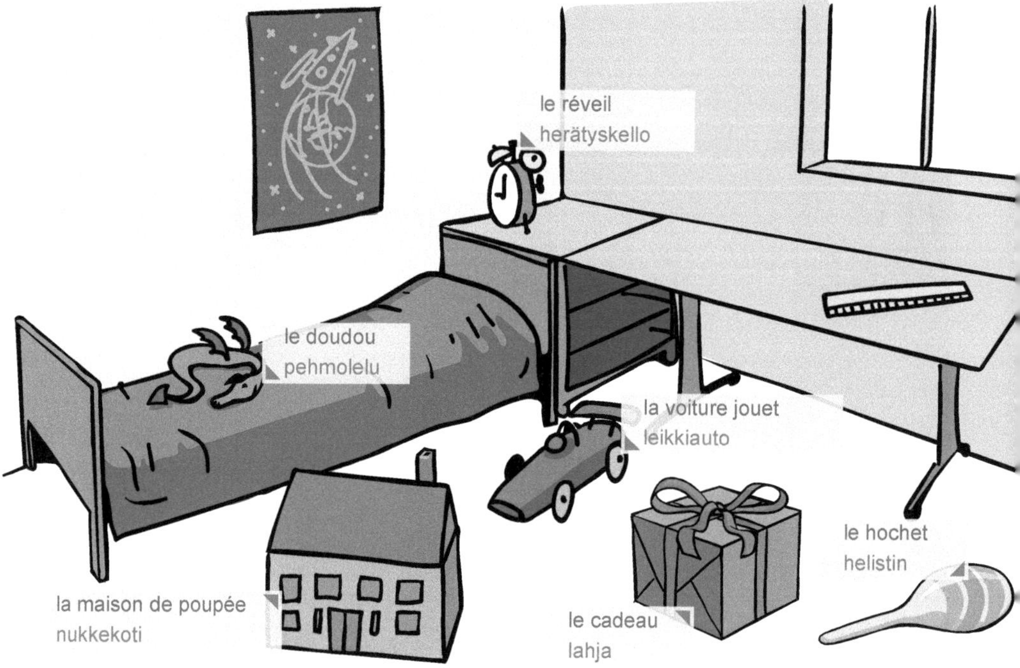

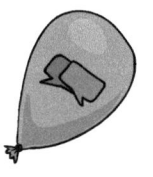

le ballon
ilmapallo

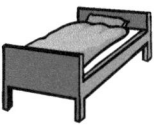

le lit
sänky

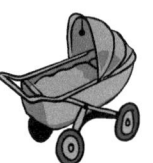

la poussette
lastenvaunut

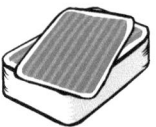

le jeu de cartes
korttipeli

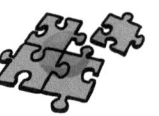

le puzzle
palapeli

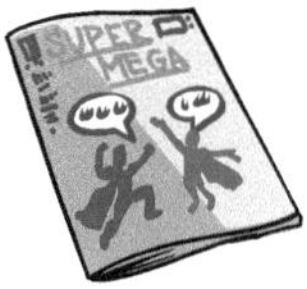

la bande dessinée
sarjakuva

les pièces lego
legopalikat

les blocs de construction
rakennuspalikat

la figurine
supersankari

la grenouillère
potkupuku

le frisbee
frisbee

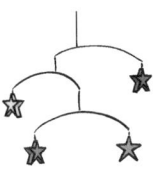

le mobile
mobile

le jeu de société
lautapeli

le dé
noppa

le train miniature
pienoisjunarata

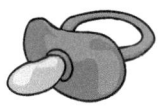

la sucette
tutti

la fête
juhlat

le livre d'images
kuvakirja

la balle
pallo

la poupée
nukke

jouer
leikkiä

la chambre d'enfant - lastenhuone

le bac à sable

hiekkalaatikko

la balançoire

keinu

les jouets

lelut

la console de jeu

pelikonsoli

le tricycle

kolmipyörä

l'ours en peluche

nalle

l'armoire

vaatekaappi

les vêtements

vaatteet

les chaussettes

sukat

les bas

nylonsukat

le collant

sukkahousut

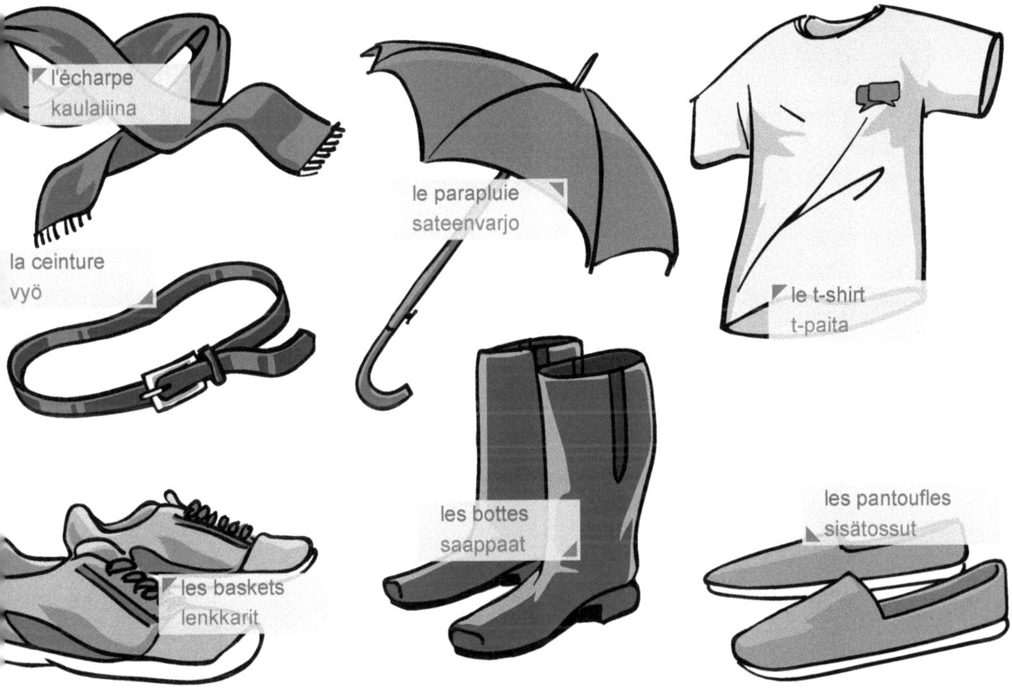

l'écharpe
kaulaliina

le parapluie
sateenvarjo

le t-shirt
t-paita

la ceinture
vyö

les bottes
saappaat

les pantoufles
sisätossut

les baskets
lenkkarit

les sandales
sandaalit

les chaussures
kengät

les bottes de caoutchouc
kumisaappaat

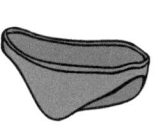

le linge de corps
alushousut

le soutien-gorge
rintaliivit

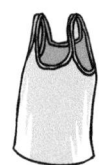

le maillot de corps
aluspaita

les vêtements - vaatteet

le body

body

le pantalon

housut

le jean

farkut

la jupe

hame

le chemisier

pusero

la chemise

paita

le pull

villapaita

le pull-over à capuche

collegepaita

la veste

jakku

la veste

takki

le manteau

takki

l'imperméable

sadetakki

le costume

puku

la robe

mekko

la robe de mariée

hääpuku

le costume

puku

la chemise de nuit

yöpaita

le pyjama

pyjama

le sari

shari

le foulard

päähuivi

le turban

turbaani

la burqa

burka

le caftan

kaftaani

l'abaya

abaya

le maillot de bain

uimapuku

le costume de bain

uimahousut

les cuissettes

shortsit

la tenue d'entraînement

verkkarit

le tablier

esiliina

les gants

käsineet

le bouton

nappi

les lunettes

silmälasit

le bracelet

rannekoru

le collier

kaulakoru

la bague

sormus

la boucle d'oreille

korvakoru

le bonnet

lippalakki

le cintre

ripustin

le chapeau

hattu

la cravate

solmio

la fermeture éclair

vetoketju

le casque

kypärä

les bretelles

henkselit

l'uniforme scolaire

koulupuku

l'uniforme

univormu

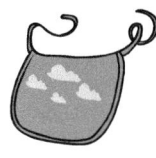

le bavoir

ruokalappu

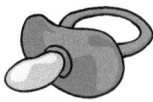

la sucette

tutti

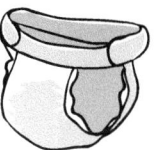

la couche

vaippa

le bureau

toimisto

le serveur
palvelin
l'armoire d'archivage
asiakirjakaappi
l'imprimante
tulostin
le papier
paperi
l'écran
näyttö
la souris
hiiri
le bureau
kirjoituspöytä
le classeur
kansio
le clavier
näppäimistö
la corbeille à papier
roskakori
l'ordinateur
tietokone
la chaise
tuoli

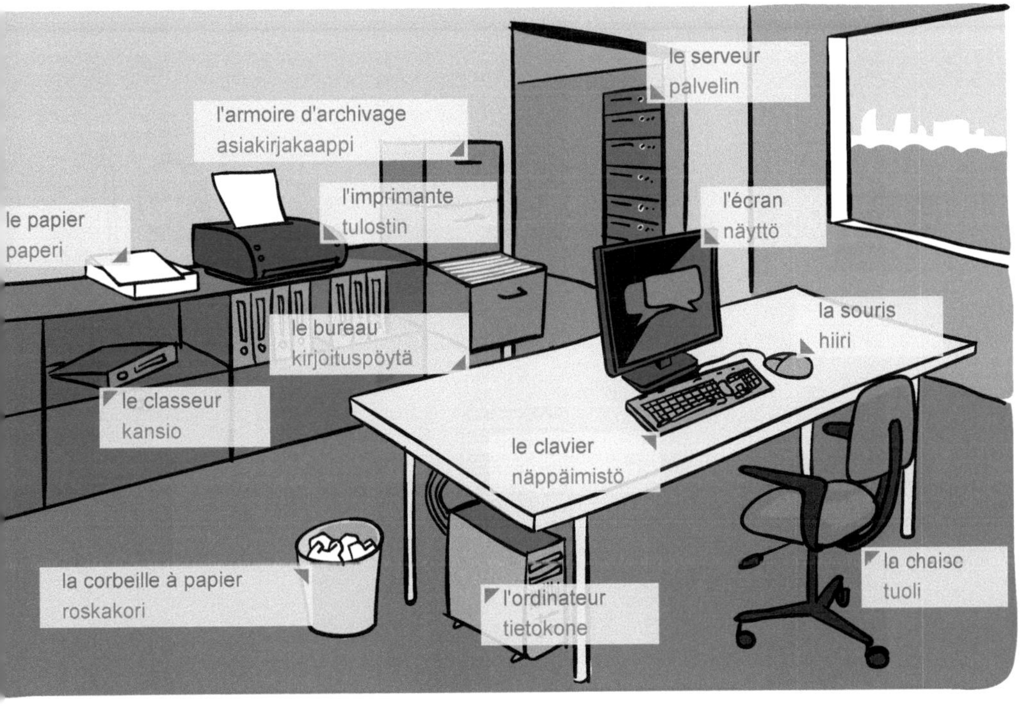

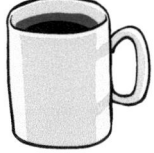

la tasse à café

kahvimuki

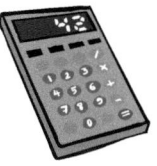

la calculatrice

taskulaskin

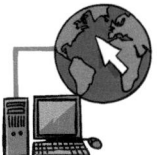

l'internet

internet

l'ordinateur portable
kannettava tietokone

la lettre
kirje

le message
viesti

le portable
kännykkä

le réseau
verkko

la photocopieuse
kopiokone

le logiciel
ohjelmisto

le téléphone
puhelin

la prise
pistorasia

le fax
faksi

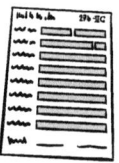
le formulaire
lomake

le document
asiakirja

le bureau - toimisto

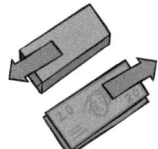

acheter
·············
ostaa

payer
·············
maksaa

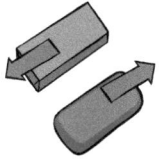

marchander
·············
vaihtaa

la monnaie
·············
raha

le dollar
·············
dollari

l'euro
·············
euro

le yen
·············
jeni

le rouble
·············
rupla

le franc suisse
·············
frangi

le renminbi yuan
·············
renminbi juan

la roupie
·············
rupia

le distributeur automatique
·············
pankkiautomaatti

le bureau de change

rahanvaihto

l'or

kulta

l'argent

hopea

le pétrole

öljy

l'énergie

energia

le prix

hinta

le contrat

sopimus

la taxe

vero

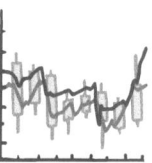

l'action

osake

travailler

työskennellä

l'employé

työntekijä

l'employeur

työnantaja

l'usine

tehdas

le magasin

liike

l'économie - talous

l'agent de police
poliisi

le pompier
palomies

le cuisinier
kokki

le médecin
lääkäri

le pilote
lentäjä

le jardinier

puutarhuri

le menuisier

puuseppä

la couturière

ompelija

le juge

tuomari

le chimiste

kemisti

l'acteur

näyttelijä

le conducteur de bus

linja-autonkuljettaja

le chauffeur de taxi

taksinkuljettaja

le pêcheur

kalastaja

la femme de ménage

siivooja

le couvreur

katontekijä

le serveur

tarjoilija

le chasseur

metsästäjä

le peintre

maalari

le boulanger

leipuri

l'électricien

sähköasentaja

l'ouvrier

rakentaja

l'ingénieur

insinööri

le boucher

teurastaja

le plombier

putkiasentaja

le facteur

postinjakaja

les professions - ammatit

le soldat

sotilas

l'architecte

arkkitehti

le caissier

kassanhoitaja

le fleuriste

floristi

le coiffeur

kampaaja

le contrôleur

konduktööri

le mécanicien

mekaanikko

le capitaine

kapteeni

le dentiste

hammaslääkäri

le scientifique

tiedemies

le rabbin

rabbi

l'imam

imaami

le moine

munkki

le prêtre

pappi

les outils
työkalut

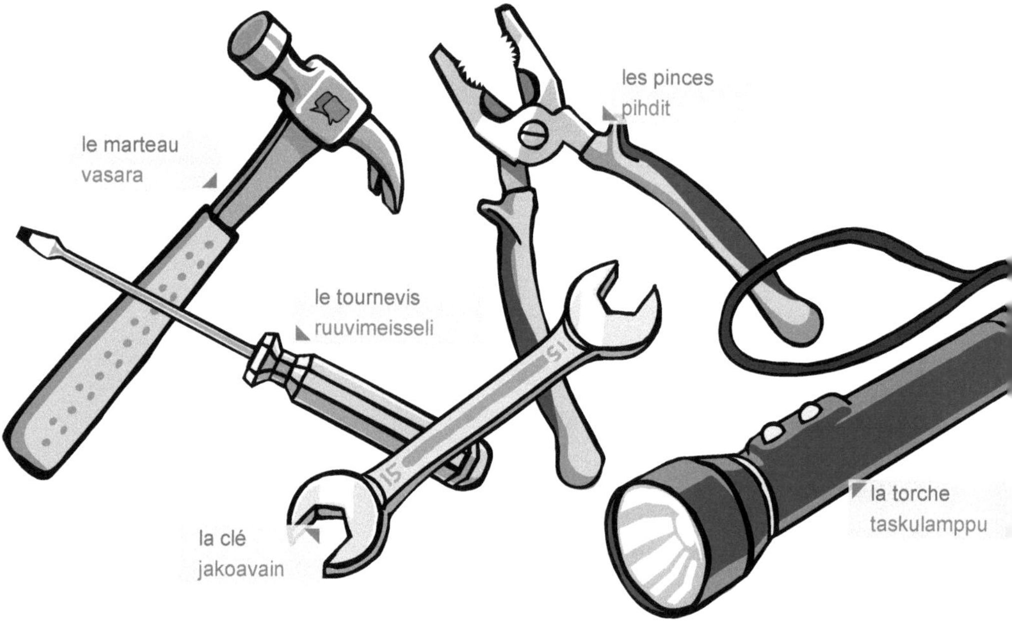
les pinces
pihdit
le marteau
vasara
le tournevis
ruuvimeisseli
la torche
taskulamppu
la clé
jakoavain

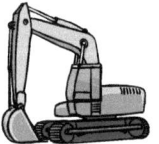

la pelleteuse
kaivinkone

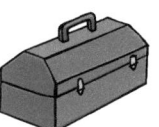

la boîte à outils
työkalupakki

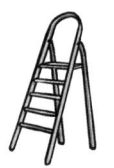

l'échelle
tikkaat

la scie
saha

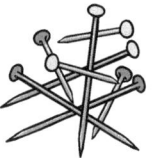

les clous
naulat

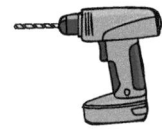

la perceuse
pora

réparer

korjata

la pelle

lapio

Mince!

Hitto!

la pelle

rikkalapio

le pot de peinture

maalipurkki

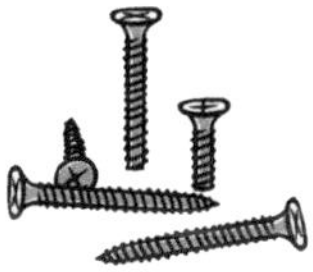

les vis

ruuvit

les instruments de musique
soittimet

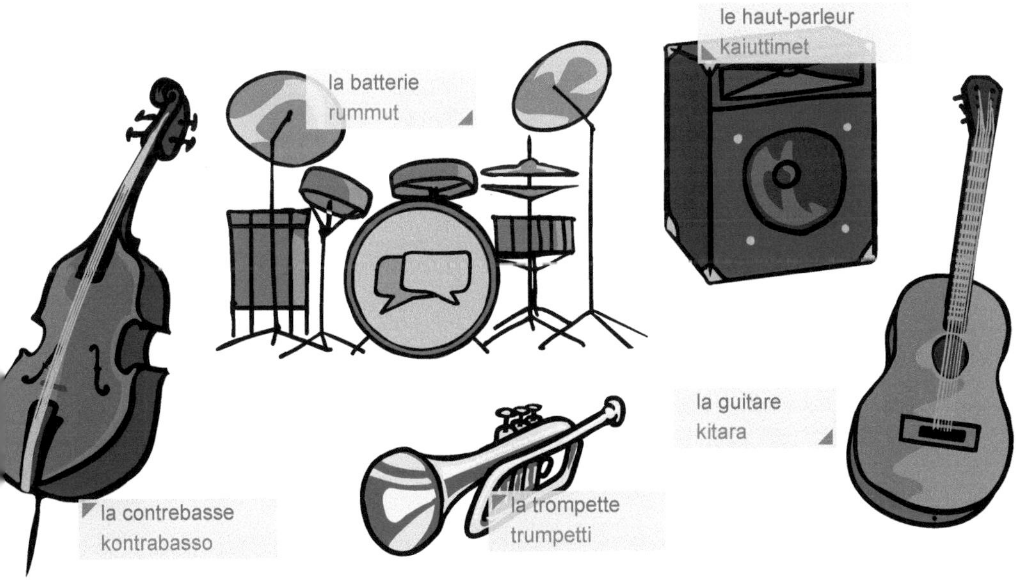

le haut-parleur
kaiuttimet

la batterie
rummut

la guitare
kitara

la contrebasse
kontrabasso

la trompette
trumpetti

le piano

piano

le violon

viulu

la basse

basso

les timbales

patarummut

le tambour

rumpu

le piano électrique

kosketinsoitin

le saxophone

saksofoni

la flûte

huilu

le microphone

mikrofoni

le zoo
eläintarha

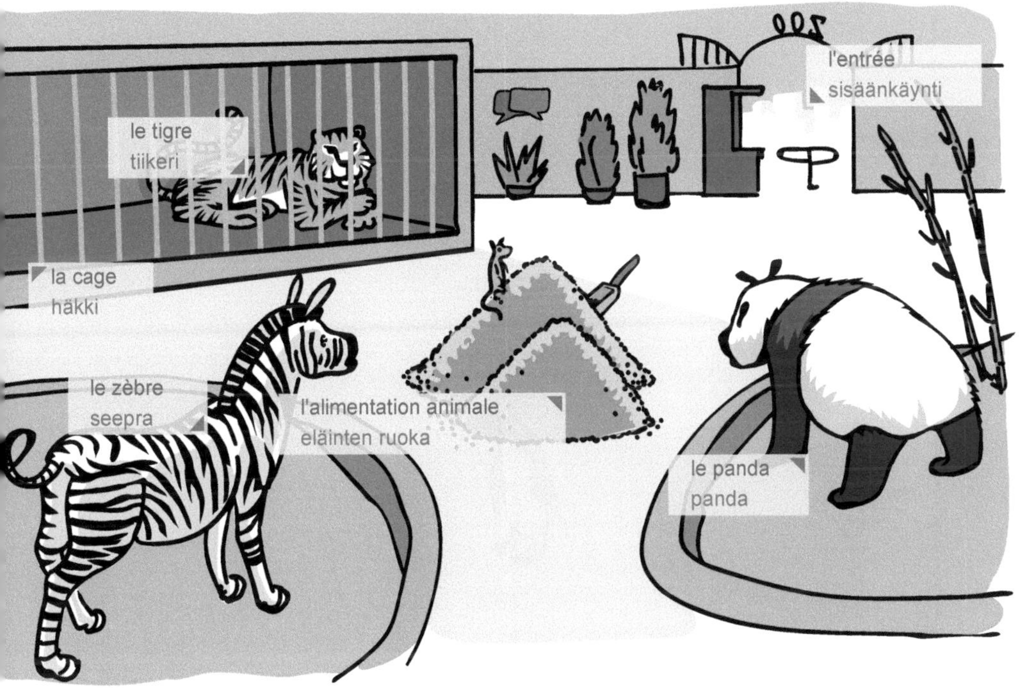

zoo
l'entrée
sisäänkäynti
le tigre
tiikeri
la cage
häkki
le zèbre
seepra
l'alimentation animale
eläinten ruoka
le panda
panda

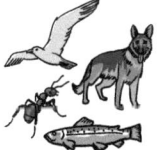

les animaux
eläimet

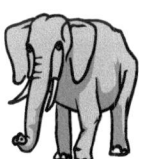

l'éléphant
norsu

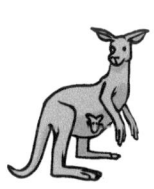

le kangourou
kenguru

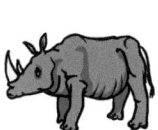

le rhinocéros
sarvikuono

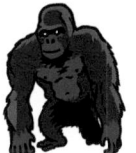

le gorille
gorilla

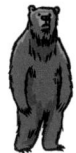

l'ours
karhu

le chameau

kameli

l'autruche

strutsi

le lion

leijona

le singe

apina

le flamand rose

flamingo

le perroquet

papukaija

l'ours polaire

jääkarhu

le pingouin

pingviini

le requin

hai

le paon

riikinkukko

le serpent

käärme

le crocodile

krokotiili

le gardien de zoo

eläintarhanhoitaja

le phoque

hylje

le jaguar

jaguaari

le poney

poni

le léopard

leopardi

l'hippopotame

virtahepo

la girafe

kirahvi

l'aigle

kotka

le sanglier

villisika

le poisson

kala

la tortue

kilpikonna

le morse

mursu

le renard

kettu

la gazelle

gaselli

le zoo - eläintarha

l'american Football
amerikkalainen jalkapallo

le cyclisme
pyöräily

le tennis
tennis

le basket-ball
koripallo

la natation
uinti

le hockey sur glace
jääkiekko

la boxe
nyrkkeily

le football

jalkapallo

le badminton

sulkapallo

l'athlétisme

yleisurheilu

le handball

käsipallo

le ski

hiihto

le polo

poolo

les activités
aktiviteetit

sauter
hypätä
embrasser
halata
rire
nauraa
marcher
kävellä
chanter
laulaa
rêver
unelmoida
prier
rukoilla
faire la bise
suudella

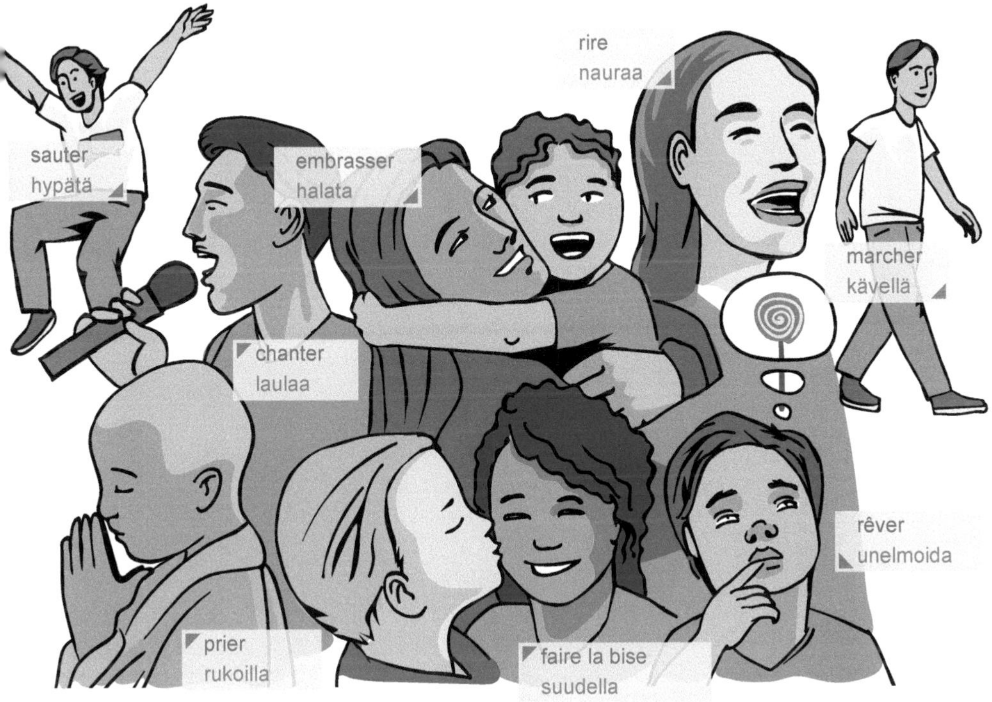

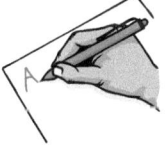

écrire

kirjoittaa

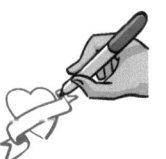

dessiner

piirtää

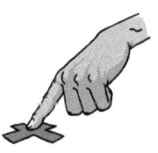

montrer

näyttää

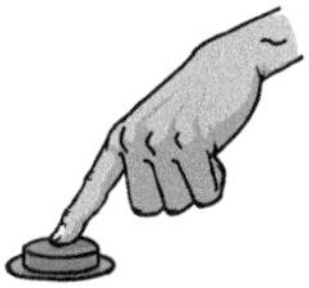

pousser

painaa

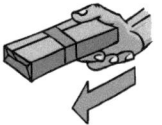

donner

antaa

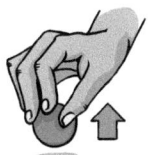

prendre

ottaa

avoir

omistaa

faire

tehdä

être

olla

être debout

seisoa

courir

juosta

trier

vetää

jeter

heittää

tomber

kaatua

être couché

maata

attendre

odottaa

porter

kantaa

être assis

istua

s'habiller

pukeutua

dormir

nukkua

se réveiller

herätä

regarder

katsoa

pleurer

itkeä

caresser

silittää

peigner

kammata

parler

puhua

comprendre

ymmärtää

demander

kysyä

écouter

kuunnella

boire

juoda

manger

syödä

ranger

siivota

aimer

rakastaa

cuire

keittää

conduire

ajaa

voler

lentää

faire de la voile

purjehtia

calculer

laskea

lire

lukea

apprendre

oppia

travailler

työskennellä

se marier

mennä naimisiin

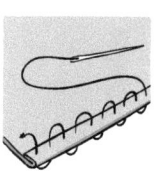

coudre

ommella

se brosser les dents

pestä hampaat

tuer

tappaa

fumer

tupakoida

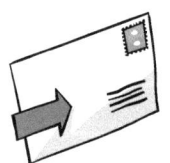

envoyer

lähettää

les activités - aktiviteetit

grand-mère
mmo

le grand-père
ukki

le père
isä

la mère
äiti

le bébé
vauva

la fille
tytär

le fils
poika

l'hôte
....
vieras

la tante
....
täti

l'oncle
....
setä

le frère
....
veli

la sœur
....
sisko

la famille - perhe

le corps

vartalo

le front
otsa
l'œil
silmä
l'épaule
olkapää
le doigt
sormet
le visage
kasvot
le menton
leuka
la main
käsi
la jambe
jalka
la poitrine
rinta
le bras
käsivarsi

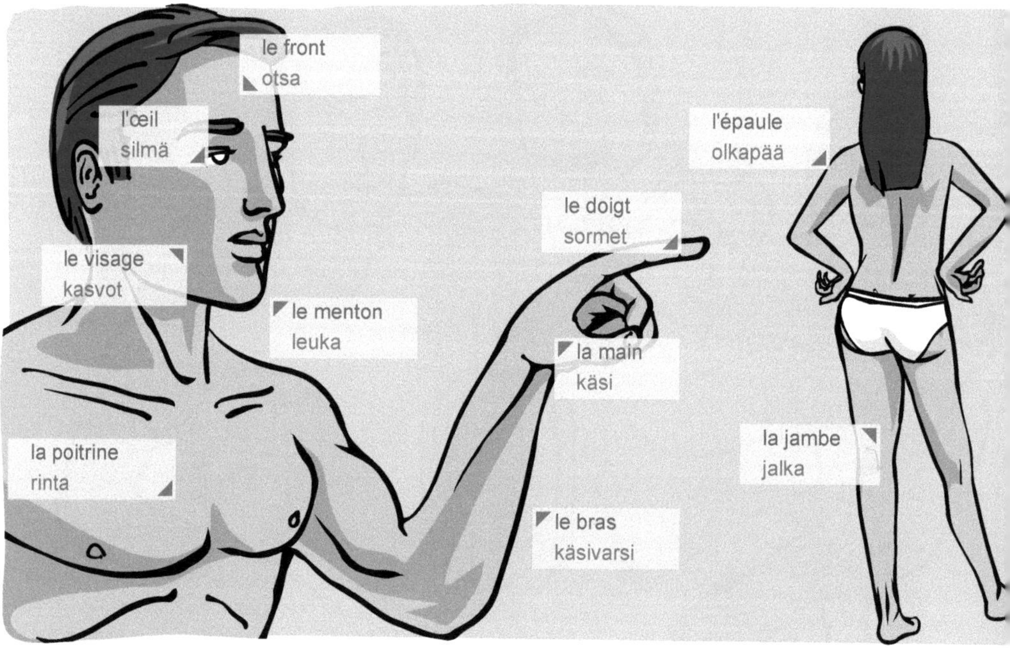

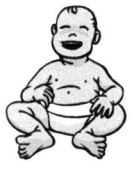

le bébé

vauva

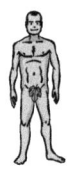

l'homme

mies

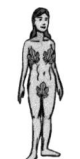

la femme

nainen

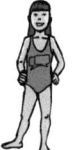

la fille

tyttö

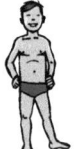

le garçon

poika

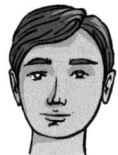

la tête

pää

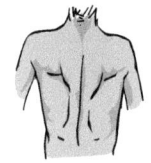

le dos
selkä

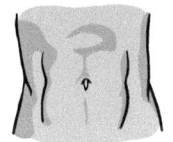

le ventre
maha

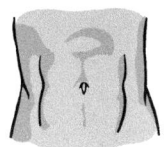

le nombril
napa

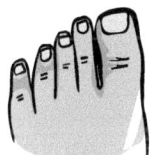

l'orteil
varvas

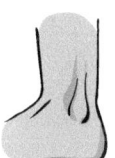

le talon
kantapää

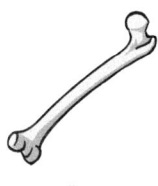

l'os
luu

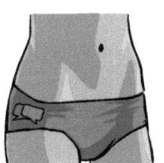

la hanche
lantio

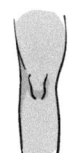

le genou
polvi

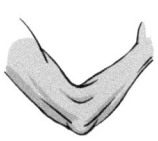

le coude
kyynärpää

le nez
nenä

les fesses
takapuoli

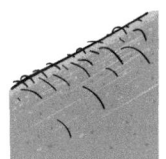

la peau
iho

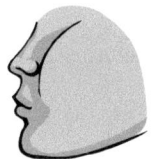

la joue
poski

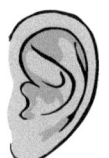

l'oreille
korva

la lèvre
huuli

la bouche

suu

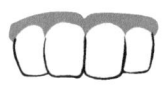

la dent

hammas

la langue

kieli

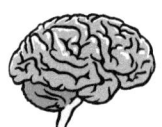

le cerveau

aivot

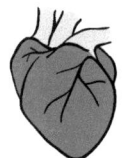

le cœur

sydän

le muscle

lihas

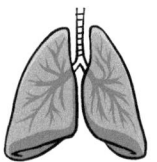

les poumons

keuhkot

le foie

maksa

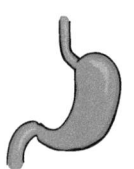

l'estomac

vatsa

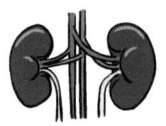

les reins

munuaiset

le rapport sexuel

seksi

le préservatif

kondomi

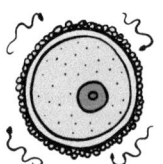

l'ovule

munasolu

le sperme

sperma

la grossesse

raskaus

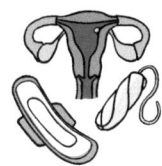

la menstruation

kuukautiset

le vagin

vagina

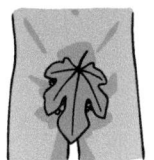

le pénis

penis

le sourcil

kulmakarvat

les cheveux

hiukset

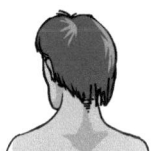

le cou

niska

l'hôpital
sairaala

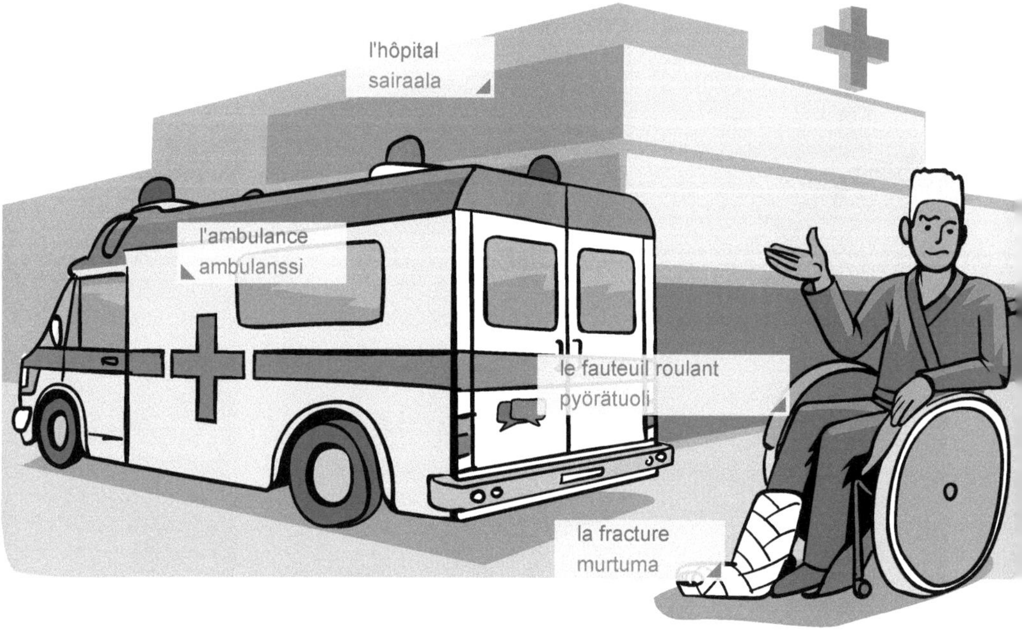

l'hôpital
sairaala
l'ambulance
ambulanssi
le fauteuil roulant
pyörätuoli
la fracture
murtuma

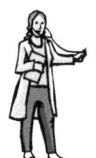

le médecin

lääkäri

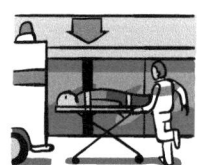

le service des urgences

ensiapu

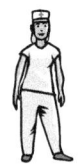

l'infirmière

sairaanhoitaja

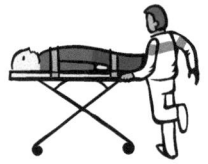

l'urgence

hätätilanne

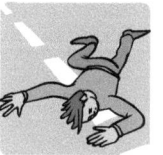

inconscient

tajuton

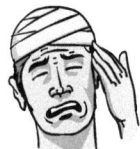

la douleur

kipu

la blessure

vamma

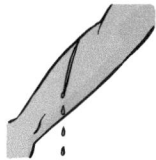

l'hémorragie

verenvuoto

la crise cardiaque

sydänkohtaus

l'attaque cérébrale

aivoinfarkti

l'allergie

allergia

la toux

yskä

la fièvre

kuume

la grippe

flunssa

la diarrhée

ripuli

le mal de tête

päänsärky

le cancer

syöpä

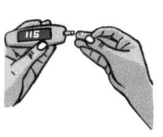

le diabète

diabetes

le chirurgien

kirurgi

le scalpel

veitsi

l'opération

leikkaus

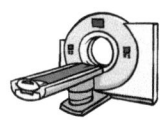

le CT

ct

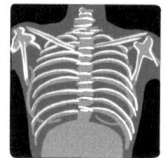

la radiographie

röntgen

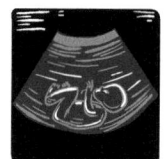

l'échographie

ultraääni

le masque

maski

la maladie

sairaus

la salle d'attente

odotushuone

la béquille

sauva

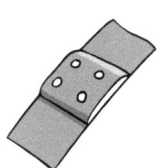

le pansement

laastari

le pansement

side

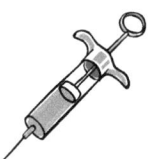

l'injection

pistos

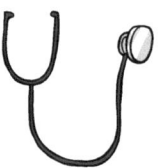

le stéthoscope

stetoskooppi

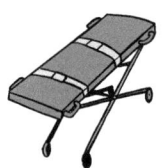

le brancard

paarit

le thermomètre

kuumemittari

l'accouchement

syntymä

le surpoids

ylipaino

l'appareil auditif

kuulolaite

le désinfectant

desinfiointiaine

l'infection

infektio

le virus

virus

le VIH / le sida

HIV / AIDS

le médicament

lääke

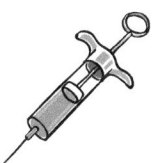

la vaccination

rokotus

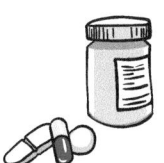

les tablettes

tabletit

la pilule

pilleri

l'appel d'urgence

hätäpuhelu

le tensiomètre

verenpainemittari

malade / sain

sairas / terve

Au secours!

Apua!

l'alarme

hälytys

l'agression

ryöstö

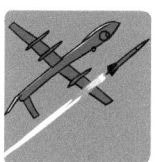

l'attaque

hyökkäys

le danger

vaara

la sortie de secours

hätäuloskäynti

Au feu!

Tulipalo!

l'extincteur

palosammutin

l'accident

onnettomuus

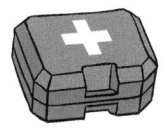

la trousse de premier
secours

ensiapulaukku

SOS

SOS

la police

poliisilaitos

l'Europe

Eurooppa

l'Amérique du Nord

Pohjois-Amerikka

l'Amérique du Sud

Etelä-Amerikka

l'Afrique

Afrikka

l'Asie

Aasia

l'Australie

Australia

l'Océan atlantique

Atlantin valtameri

l'Océan pacifique

Tyynimeri

l'Océan indien

Intian valtameri

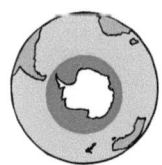

l'Océan antarctique

Eteläinen jäämeri

l'Océan arctique

Pohjoinen jäämeri

le Pôle nord

pohjoisnapa

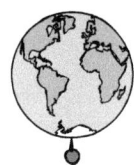

le Pôle sud

etelänapa

l'Antarctique

Antarktis

la terre

maa

le pays

maa

la mer

meri

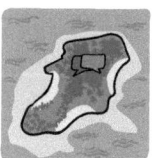

l'île

saari

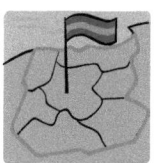

la nation

kansa

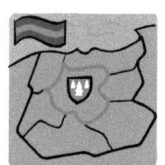

l'état

osavaltio

le cadran
....
kellotaulu

l'aiguille des heures
....
tuntiviisari

l'aiguille des minutes
....
minuuttiviisari

l'aiguille des secondes
....
sekuntiviisari

Quelle heure est-il?
....
Paljonko kello on?

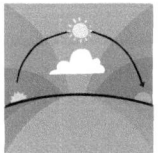

le jour
....
päivä

le temps
....
aika

maintenant
....
nyt

la montre digitale
....
digitaalikello

la minute
....
minuutti

l'heure
....
tunti

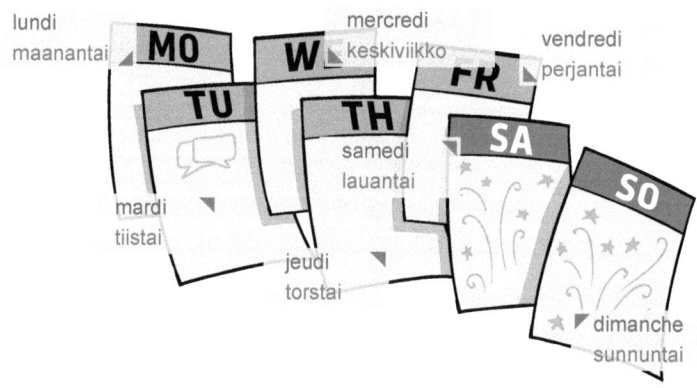

lundi
maanantai

mercredi
keskiviikko

vendredi
perjantai

samedi
lauantai

mardi
tiistai

jeudi
torstai

dimanche
sunnuntai

hier

eilen

aujourd'hui

tänään

demain

huomenna

le matin

aamu

le midi

keskipäivä

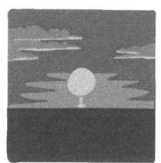

le soir

ilta

les jours ouvrables

työpäivät

le week-end

viikonloppu

l'année
vuosi

l'arc-en-ciel
sateenkaari
la pluie
sade
la neige
lumi
le vent
tuuli
le printemps
kevät
l'automne
syksy
l'été
kesä
l'hiver
talvi

4.APRIL 11°
5.APRIL 4°
6.APRIL 13°
7.APRIL 8°
8.APRIL 10°

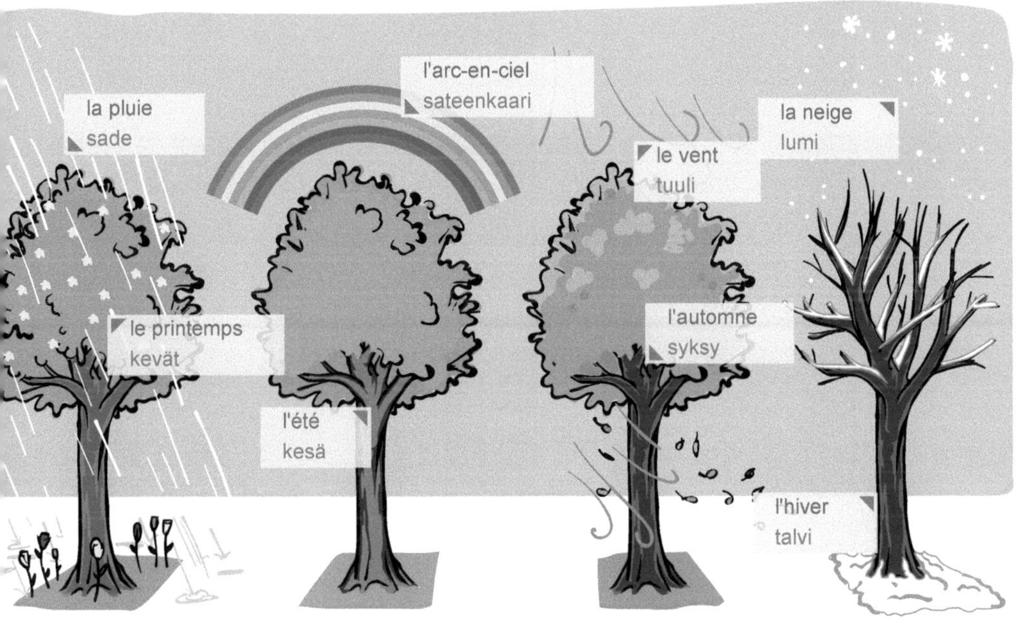

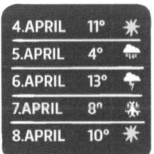

la météo

sääennuste

F C
120 40
90 30
60 20
30 10
0 0
-30 -10
-20

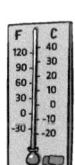

le thermomètre

lämpömittari

la lumière du soleil

auringonpaiste

le nuage

pilvi

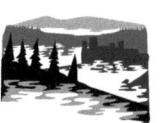

le brouillard

sumu

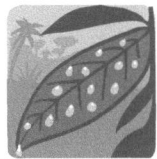

l'humidité

ilmankosteus

la foudre

salama

le tonnerre

ukkonen

la tempête

myrsky

la grêle

rae

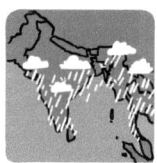

la mousson

monsuuni

l'inondation

tulva

la glace

jää

janvier

tammikuu

février

helmikuu

mars

maaliskuu

avril

huhtikuu

mai

toukokuu

juin

kesäkuu

juillet

heinäkuu

août

elokuu

septembre
syyskuu

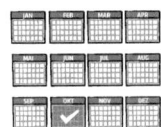

octobre
lokakuu

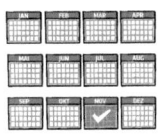

novembre
marraskuu

décembre
joulukuu

les formes
muodot

le cercle
ympyrä

le carré
neliö

le rectangle
suorakulmio

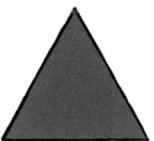

le triangle
kolmio

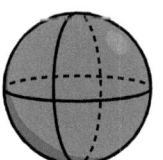

la sphère
pallo

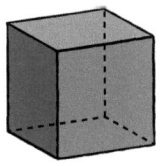

le cube
kuutio

blanc
valkoinen

jaune
keltainen

orange
oranssi

rose
vaaleanpunainen

rouge
punainen

violet
violetti

bleu
sininen

vert
vihreä

marron
ruskea

gris
harmaa

noir
musta

beaucoup / peu

paljon / vähän

fâché / calme

vihainen / ystävällinen

joli / laid

kaunis / ruma

le début / la fin

alku / loppu

grand / petit

suuri / pieni

clair / obscure

vaalea / tumma

le frère / la sœur

veli / sisko

propre / sale

puhdas / likainen

complet / incomplet

täydellinen / epätäydellinen

le jour / la nuit

päivä / yö

mort / vivant

kuollut / elävä

large / étroit

leveä / kapea

comestible / incomestible

syötävä / syömäkelvoton

méchant / gentil

paha / kiltti

excité / ennuyé

innostunut / tylsistynyt

gros / mince

lihava / laiha

le premier / le dernier

ensimmäinen / viimeinen

l'ami / l'ennemi

ystävä / vihollinen

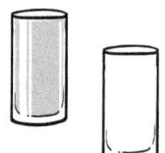

plein / vide

täysi / tyhjä

dur / souple

kova / pehmeä

lourd / léger

painava / kevyt

faim / soif

nälkä / jano

malade / sain

sairas / terve

illégal / légal

laiton / laillinen

intelligent / stupide

älykäs / tyhmä

gauche / droite

vasen / oikea

proche / loin

lähellä / kaukana

les oppositions - vastakohdat

nouveau / usé
uusi / käytetty

rien / quelque chose
ei mitään / jotain

vieux / jeune
vanha / nuori

marche / arrêt
päällä / pois päältä

ouvert / fermé
auki / kiinni

faible / fort
hiljainen / äänekäs

riche / pauvre
rikas / köyhä

correct / incorrect
oikein / väärin

rugueux / lisse
karhea / sileä

triste / heureux
surullinen / iloinen

court / long
lyhyt / pitkä

lent / rapide
hidas / nopea

mouillé / sec
märkä / kuiva

chaud / froid
lämmin / viileä

la guerre / la paix
sota / rauha

0	**1**	**2**
zéro	un	deux
nolla	yksi	kaksi

3	**4**	**5**
trois	quatre	cinq
kolme	neljä	viisi

6	**7**	**8**
six	sept	huit
kuusi	seitsemän	kahdeksan

9	**10**	**11**
neuf	dix	onze
yhdeksän	kymmenen	yksitoista

12

douze

kaksitoista

13

treize

kolmetoista

14

quatorze

neljätoista

15

quinze

viisitoista

16

seize

kuusitoista

17

dix-sept

seitsemäntoista

18

dix-huit

kahdeksantoista

19

dix-neuf

yhdeksäntoista

20

vingt

kaksikymmentä

100

cent

sata

1.000

mille

tuhat

1.000.000

le million

miljoona

les nombres - numerot

l'anglais

englanti

l'anglais américain

amerikanenglanti

le chinois mandarin

mandariinikiina

le hindi

hindi

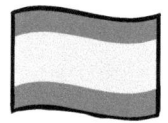

l'espagnol

espanja

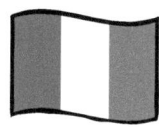

le français

ranska

l'arabe

arabia

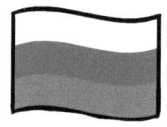

le russe

venäjä

le portugais

portugali

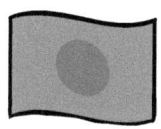

le bengali

bengali

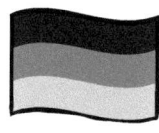

l'allemand

saksa

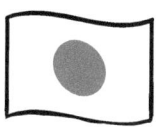

le japonais

japani

je

minä

tu

sinä

il / elle

hän

nous

me

vous

te

ils / elles

he

qui?

kuka?

quoi?

mitä / mikä?

comment?

miten?

où?

missä?

quand?

milloin?

le nom

nimi

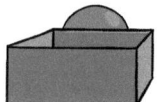

derrière

takana

dans

sisällä

devant

edessä

au-dessus

yläpuolella

sur

päällä

en-dessous

alapuolella

à côté de

vieressä

entre

välissä

le lieu

paikka